Books on Demand GmbH
Norderstedt

»Nimm dich selber wahr, und wo du dich findest,
da lass von dir ab – das ist das Allerbeste«
Meister Eckhart

Michael Heinisch

Ein Hauch von Rost

Verssuchungen

Books on Demand GmbH
Norderstedt

Bibliografische Information der Deutschen Nationalbibliothek:
Die Deutsche Nationalbibliothek verzeichnet diese Publikation in der Deutschen Nationalbibliografie; detaillierte bibliografische Daten sind im Internet über http://dnb.dnb.de abrufbar.

© 2013 Michael Heinisch

Foto Titelseite: Ludwig Berchtold / photocase

Herstellung und Verlag:
BoD – Books on Demand, Norderstedt

ISBN 978-3-7322-3108-9

故六者

Ich
bin eine Illusion
ich mach mir da was vor
neulich
fühlte ich mich
zu was gezwungen
in echt
und sogar
gewollt
glaubte ich
was gehabt zu haben
so schnell geht das

Letztlich schlidderte ich
blank + frei
in die Rabatte
so lag ich da
bloß + bedarft
leimte meine
Ganzkörperwunde
mit Hirnschmalz ein
bis auch ich
ein nützliches Mitglied der Gesellschaft wurde

Logorrhoe

hingefegt und teuer
alle Worte sind so zahm
tumbe Zunge richtet
Lichter
ist doch auch egal

immer wieder
weint der Clown

Funkenflug

ein Ring so starr
des Glimmen Herr
wird niemals nicht
das Wimmern hörn

es ringelt ein
umarmet sich
es ist allein
hör, wie es spricht

es rührt sich, schaut
ein Land entgraut
und viele Funken fliegen

willenlos

das Auge zittert Grenzen
ein Wille trägt das Licht
es scheiden sich die Geister
wer sucht der findet nicht

letztens hat der Boden
gelassen und sacht
uns alle getragen

Still leben

Wolken Himmel zarter
Hauch schwebt Elefanten
im Sinn schwerelos
vergangene Zeit steht
still ein Wunder
daß die Füße
auf dem Boden
bleiben

Turm

siehst du das Licht
ganz oben
das ferne Blau
kennst du das Kreisen
um dich
im dunklen Bau
rund ist die Mauer
um dich
und feucht und grau...
Hör auf
die Enge das Dunkle beweinen
hörst du
das Singen das eigene leise

blau

Ich zittere ins Gras

während sich die Wolken
wie Daunen
über mich legen

schneidest du meinen Sinn

Wehen

fremd
auf Sand gebaut
der warme Wind treibt Tränen ins Gesicht
gebeugt
und schwer der Schritt
ein Wehen
Sieh

es blüht das Land

braun

ein leiser Wind
rührt in den weichen Teilen

während die Hitze
über den Gräbern
der abgetriebenen Gefühle

still steht

im Angesicht der Anemone
erstarre ich
starre ich
schaut sie mich
auf leisen Sohlen
entschleiche ich
doch da, ein Löwenzahn
hat mich entdeckt
gelassen streckt er seine Blätter
na gut, er tut mir nicht
gnädig hält er sein Haupt
rückwärts weiche ich

einst
spielte ich
den kleinen blauen Ball
zwischen den Fingern
wie ein Taschendieb
keine Angst
er könnte fallen
zu leise
der Anfang
zu spät
das Ende
als das nicht
zwischendurch
die eine oder andere
Tür
ungeöffnet blieb

schauinsland

wir sind Spiegel
gekräuselte Oberflächen von Weihern
Siehst du
dein flirrendes Bild
oder mein Unterwassergeflecht
Schau
ein Frosch springt ins Wasser
die Bilder verringen
ein plötzlicher Regen
das Wasser vergraut
ein Sturm peitscht hernieder
der Schlamm wühlt auf
Schau
am Morgen danach
- Stille

Ohne Worte

Ich schau dir in die Augen
seh ein Silberland
ein Lächeln will verweilen
hält dem Zagen stand

ein Wagnis immer wieder
wie uns ein Leuchten band
wenn Blicke sich berühren
flimmernd von Land zu Land

Rumpelstilzchen goes Wüstensand

gebeugten Haupts ging er von dannen
wieder keine Antwort
ausgesetzt
und preisgegeben
ein Fremdling
ein Elender
un
heim
lich
so saß er da
mißmutig
und gelangweilt
ein Wind bläst den Sand
über den Dünenkamm
Ist da eine Trommel?
Ach, das bin ja ich
mit den Fingern auf dem Tisch

So nette Schatten

ein Schatten legt sich übers Land
wo niemals eins zum andern fand
jeder bläst sich seinen Reim
baut sich dann ein Eigenheim

gehalten wird er hier wie dort
so wie an jedem andern Ort
für unbedingt und schwer geheuer
wenn auch zuweilen etwas teuer

Entschweb ich diesem selgen Treiben?
ich würd so gern
am Meeresgrund verweilen
und singen mit nem Tintenfisch

So nette Gleiter

Ich weide vor mich hin
ein weites Land liegt brach
verlassen ist die Schmach
es sei ein Neubeginn

warten will ich fürderhin
drauf und dran und nach und nach
nehm ich Gemach und Ungemach
wo immer ich bin, ich bin

die Wolken ziehen weiter
formen eigne Bilder
im Grunde bin ich heiter

ein absichtsloser Gleiter
im Wiegen ist es milder
nie war ich bereiter

So nette Weiber

es will mir endlos scheinen
wo führt der Weg mich hin
es hilft ja doch kein Greinen
so trott ich vor mich hin

so lang schon auf den Beinen
und immer irgend zwischendrin
könnt ich mich mal vereinen
mit einer Bauchtänzerin

so geht ein Weib, ein neues kommt
und jede will ihr Recht
die eine jagd, die andre frommt

was ist das nur für ein Geschlecht
das nie und nie genug bekommt
es zieht gar mächtig im Gemächt

Abendspaziergang

eine kleine Hexe
die spricht mich abends an
sie gibt mir ein Lächeln
ich geb ihr
Feuer

ich hüpfe wieder weiter
ein Auto hält an
wie wärs mit uns beiden
die ist mir nicht ge
heuer

ein Bierchen im Cafe
das Lächeln steckt an
ist hier noch ein Platz frei
Na klar

wunderschöner Tag heut
ihr Blick macht mich an
das kann man wohl sagen
die Eier werden stramm

ich warte auf mein`n Freund hier
aja
ich trinke dann mein Bier leer
viel Spaß noch, dann

die Luft ist warm noch
ich atme die Nacht
mir ist wohl nach Singen
Pfeifen tuts auch

Schnell schlaf! und tobe, Ozean

Wie damals
als wir einander einen Urlaub nahmen
als hübsches Paar, als Ausgangsruhe.
Die Nacht, als wir einander
zurückerfanden aus Pennälerfurcht
auf Matratzenhöhe Frankfurter Baumhausspitzen.
Du fielst mir in den Arm,
insgesamt recht entschlossen,
zurückverliebt gesprochen
herzenswarm.

Schnuppe

Warme Luft
öffnet den Korb
Brust schwimmen
verspielt
ist Wasser Träger
ich geh auf dich zu
wär doch gelacht
Feuchte der Nacht
Du sagst mmh
ein Becken für zwei
lasset uns laben
ich komme für immer
wir sehen uns nimmer
du bist meine Schnuppe
ich atme den Morgen

liebe Klosterschüler

ein einsamer Überflieger
drehte nochmal ab
er sah den G-Punkt kommen
wenn auch nur verschwommen
ein Sturzflug mußte her

so vergaß er die Bestimmung
tauchte ein ins Loch
er konnte nichts mehr sehen
dann bekam sie Wehen
Scheiß auf die Gesinnung

Call me up

Ich bin besser als dein Mann - glaub mir
Ich schau dir in die Seele - raub dir
den Verstand, der dich band - trau mir

Willst endlich voll und ganz frei sein
dein Begehren, Verlangen herausschrein
Ich hab Macht über dich - du bist mein

Ich kitzel deine Nerven blank - hab Dank

ich schreib für dich
und nur für dich
du lichterner Gesell
ach trübte doch ein Splitter dein Geblitze
du siehst mich nicht
und wenn
so gibt es kein Erkennen

ach sei so lieb
eine Bitte hab ich noch
der Grill, der Rost ist völlig angebatzt
und ja, der Wasserhahn, du weißt schon
der tropft schon seit 3 Wochen
ich hab den ganzen Wäscheberg jetzt einsortiert
du könntest auch mal etwas machen

ich höre dein Singen
du bist namenlos
ich spüre dein Schwingen
du bist immer da
ich lebe in dir
du bist wie der Himmel
ich sehe dich
nicht

ich helf dir
auf die Sprünge
du treuloser Kerl
Dir werd ich helfen
was fällt dir nur ein
Kannst du denn nicht
dankbar sein

wohlan denn
sei
bei mir und warte
ich
will dich nicht
zu
sehr entkräften
der
Tag ist lang
und
länger noch die
Nacht die alte

Ist Liebe heilbar?

ein verwegener Verwesender
rätselt ob der ragenden Kraft
einer wie alle, alle wie einer
ein Christ ist ein Sklave
hat Böses erdacht

einer wie keiner, alle im Loch
ein Buddhist ist ein Lügner
hat Abscheu im Kerker
ich küsse das Luder
die Macht der Nacht

so liegen wir wach
auf blutigen Leinen
schaun zu den Sternen

Blasen

auf allen vieren
die Strasse entlang
Hohlmeier bläst Clinton
einen blassen Marsch
am Pflaster geleckt
die Blase rollt mit
gekugelt vor Lachen
ein Stein verrinnt
die Knie sind wund
der Postbote hebt
ein Bein will fort
die Blase rollt weiter
wir sind wieder wer
voll schimmernder Farben
der Rest ist fürn Arsch
was rauskommt
zieht weiter
und wixt sich ins Fäustchen
die Blase hält stand
geseift und gesalbt
ein Häuschen im Grünen
der Eimer bereit
so wollen wir loben
und preisen und Dank
Oh Mutter aller Blasen
geordnet der Schrank

Jemann verlief sich im Gestrüpp der Angebote. Der Kompass rotierte. Sollte er sich ein Körbchen der südafrikanischen Erdbeeren gönnen oder doch lieber die dralle Rothaarige ansprechen. Allerdings hinterließen Erdbeeren im Januar und Rothaarige am Vormittag oft einen bitteren Nachgeschmack. Also vielleicht doch lieber eine Existenz gründen. Seit Jahren schon schleppte er sich mehr schlecht als recht ins Büro. Es war wirklich an der Zeit, sich zum eigenen Herrn zu machen. Blieb die Frage, welche Existenz er nun gründen solle. So war das immer. Mißmutig schlenderte er weiter. Nur beiläufig schaute er in die Schaufenster. Mixaflex-Jalousie. Blendamed – kraftvoll zubeißen. Servus-Toilettenpapier – taufrisch. Tage und Nächte mit Sanferrin. Ersatzpimmel von Dr. Wolter. Kabafit. Hühneraugen-Lebewohl-Pflaster. Endlich daheim in Ganz-Ok. Fido – der saftige Happen mit Herz. Jemann kaufte sich 250 g Erdbeeren für 2,50 Euro.

Zähne knirschen Halt
die üblichen Verdächtigen
schämen sich zum Wurm
ein Huhn legt seinen Kopf schief
Kreislauf des Lebens

aus
gehaucht
Blatt im Wind
Atem fällt
als Tau auf Wiesen
ein Lächeln entsinnt

Erbauungslyrik

Was treibt dich, sprich?
Was hält dich auf Trab in lauen Gestaden?
Was ficht dich, sag?
Wer hat dir je ein Arg getan?

Wer liebt dich, sprich?
Wen kümmert letztlich dein Sinnen?
Was rührt dich, sag?
Wem hast du je die Hand gereicht?

Gib dein Wehen achtvoll hin
Befangen laß die Siegel scheinen
Kehr deine Augen stets zurück

ein Künder welkt im Offenbarungs-Eid

Lurchengriff nach Halmen
ein Schauder gibt den Rest
sanfte Böschung, mildes Licht
sommergelb das Gras
es krampfen sich die Finger
noch ein Blick
Träne im Gras

eine Pinie schwebt
beim Leuchten in der Stille
- hält die Zeit fest

So nette Wälle

ein neunmal braves Nervenbündel
zittert sich sein Los
und ist es auch ein irrend Mündel
fruchtbar ist der Schoß

starr und steif liegt der See
im Winter ist das Eis ein Schutz
erschiene mir morgen ne Fee
dächt ich wohl an Eigennutz

im Frühling durchbricht ein Keimling die Scholle
Berge und Täler, Wiesen und sehn
gewogen werden Vertrauen, Kontrolle
lächeln als wärs ein Verstehn

und auch das beste und tiefste Versteck
erfüllt seinen Zweck

Abschied

Alle Fasern halten
Mich bei dem was war
Sicher ist`s beim Alten
Draußen bin ich bar

Alle Stricke reißen

Ich brauch was zum Beißen
Wer macht mir was gar

Bunkermentalitätshalluzinose

Mein Mut hängt schief
im Musikantenstadl
ich müßte doch
und sollte
und wollte auch?
doch das ist eine andere Geschichte
ich wär ein Schisser
vor dem Herrn

Panta rhei

die Rotze läuft durch das Gesicht
der Sabber hängt am Kinn
die Tränen trocknet nur der Wind
das Konto macht Gewinn

der Griffel fällt aus siecher Hand
Schuppen rieseln aufs Blatt
der Kot gibt sich der Fäulnis hin
die Pisse stinkt vom Rand

der Abschied wirft den Hünen hin
der Kiefer fällt wie dumm
der Puls geht ab

und zu

ein Falter löst `ne Böe aus
ein Leben haucht den Odem aus
die Witwe löst das Konto auf
`ne Fliege saugt den Speichel auf
die Rotze bröckelt ab

es purzeln die danken
mit klickernder nunft
es raufen die uren
und teilen sich vor
bunt ist das wimmel
im wasserkopfmeer
es scheint wie ein wunder
dass der gang ist nicht schwer
gebeugt und vornüber
so schwehr ist das Meer

--
es bröckelt der Putz

>ofensichtlich

Sag mir wo die Blu=
men sind. Wo sindsie ge=
blibbensag mirwo
dieb lumens indwer
häf thäi gan
Lebbe geht weiter

Worte Worte Worte Worte
Worte Worte Worte Worte
Worte Worte Worte Worte
Worte Worte Worte Worte
Worte Worte Worte Worte
Worte Worte Worte Worte

wieder Worte Widerworte
Worte wieder Widerworte
Widerworte wieder Worte
Worte Worte Worte Worte
wieder Worte wieder Worte
immer Worte wieder Worte

Wo

ich denke
immer
warum
denke ich
was
ich denke
klärt
was war
warum
wahr
ist
was war
klar
denken?

der Verssager	über Läufer
der Verssager sagt	das der Überläufer
vorsorglich versage ich mir	quasi überläuft
das Verssagen	vor Redseligkeit
damit ich beim Verssagen	über Läufer
nicht versage	die ihn überliefen
denn wenn ich verspreche bringt das Faß zum Überlaufen	
mich nicht zu versprechen	denn unter Läufern
wird jeder Versspruch	stößt Überlaufen
zum versprochenen Verzagen	übel auf

Womöglich
sind Grabhunde lebendig
ist das ABC leer
ist Gott ein Versehn

Womöglich
ist das Mögliche möglich
Wo ist das Mögliche möglich
Wann ist ein Mann ein Mann

Ein Stuhl ist ein Stuhl ist ein Stuhl ist ein Auto
da sind Buddhisten im Bier Buddhisten im Bier
Mir geht es gut mir geht es ausgezeichnet Danke
Es ist alles free roger hier

Womöglich
ist Nichts unmöglich
ist Toyota ein Stuhl
Vielleicht ist Viel leicht

Womöglich
werde ich tot
war am Ende das Wort
sind Bilder beweglich

Januar

Nackt und grau unter Puder
Zucker gähnt die blaue Stunde
windzahm wabert Stille
Wölfe gibt's schon längst nicht mehr

Dunkelgrau unter Schleier Mond
hält Hof fest und kalt
einsam kriecht die Nacht ums Haus
ich geh lieber rein

nach dem Schneeschippen ab in die Loipe
der Kopf frei, die Nase läuft
die trockenen Knochen über der frischen Spur
schneeblind funkelt der unberührte Schnee
»Grüß Gott«
Schritt für Schritt; Technik, nicht Kraft
mit Gespür gegen den Anspruch
»Hallo«
mit jedem Hügel freier, die Augen tränen vom Licht
nichts ist vom Frieden weiter entfernt als Religion, Sophien
oder Ansichten anstelle des einfachen Betrachtens
»Grüß Gott«
»Grüß Gott«
»Servus«
leicht und locker liegt der Schnee
Schritt für Schritt
Mühe und Kraft, Anspruch und Saft
ich könnte mich ja auch nackt in den Schnee legen
hehe, Staub zu Staub
Pulver ist ein noch zu schweres Wort
ein Tempobolzer überholt mich
»Grüß Gott«
die Gedanken gleiten
ruhig ragt ein Kirchturm aus einem Dorf
einen halben Meter liegt der glitzernde Schnee auf den Dächern
Schritt für Schritt
rechtschaffen klebt der Schweiß
die Arme machen als erste schlapp
da, ein Gasthof; doch noch ein Spurt

Ah, ein Weißbier
die Augen blinzeln in die herrlichen Berge

Jetzt

Rose knospend aufgeatmet
aus der Leere in die Form
deine Schwingen sind durchblutet
von Äolien singt dein Dorn
Musik erblühend wächst die Luft
aus der Ruhe in den Laut
geöffnet flüstert uns dein Duft
das der Klangdom aufgebaut

alles hallt in Harmonie
losgelassen tönt das Nichts
reine Wellen voll des Lichts
überfließend klingen sie

ungestüm und mit viel Verve
Ratio hat den Kern geteilt
Funken springen ohne Schärfe
Heisenberg hat ihn geheilt
Tohus, Wohus wiegen Lieder
Körper, Seele werden eins
Quarks und Quanten werden Brüder
Schwingung ist der Grund des Seins

zeitlos leuchtet uns das All
wird der Kosmos sonnenkrumm
Quellen werden niemals stumm
Sphären, hört den Donnerhall

einst erscholl es Hosianna
was die Schöpfung tief geehrt
Schweigen ist jetzt unser Manna
Raumesfülle wird geleert
alle Stimmen tanzen Tantra
Klänge fällten Jericho
Halleluja ist ein Mantra
Worte sind ein Ur-Echo

heilger Himmel, Sternenklang
Vater, Geist und Gottessohn
wenn du auslöscht Sinn und Ton
hörst du dann den Mu-Gesang

An die Freude

Freude, schöner Götterfunken
Tochter aus Elysium
Wir betreten feuertrunken,
Himmlische, dein Heiligtum.
Deine Zauber binden wieder,
Was die Mode streng geteilt,
Alle Menschen werden Brüder,
Wo dein sanfter Flügel weilt

Seid umschlungen, Millionen!
Diesen Kuß der ganzen Welt!
Brüder - überm Sternenzelt
Muß ein lieber Vater wohnen.

Wem der große Wurf gelungen,
Eines Freundes Freund zu sein,
Wer ein holdes Weib errungen,
Mische seinen Jubel ein!
Ja, wer auch nur eine Seele
Sein nennt auf dem Erdenrund!
Und wers nie gekonnt, der stehle
Weinend sich aus diesem Bund.

Was den großen Ring bewohnet,
Huldige der Sympathie!
Zu den Sternen leitet sie,
Wo der Unbekannte thronet.

Freude trinken alle Wesen
An den Brüsten der Natur,
Alle Guten, alle Bösen
Folgen ihrer Rosenspur.
Küsse gab sie uns und Reben,
Einen Freund, geprüft im Tod,
Wollust ward dem Wurm gegeben,
Und der Cherub steht vor Gott.

Froh, wie seine Sonnen fliegen
Durch des Himmels prächtgen Plan,
Wandelt, Brüder, eure Bahn,
Freudig wie ein Held zum Siegen.

(Friedrich von Schiller)

Dröhnland

Es eilen Signale durch Wind und Nacht,
es wird der Tremor ruhig gemacht.
Ein Schirm, ein Bild, und endlos laufen
schimmernde Elektronenhaufen.

»Was bannt so stark deinen Blick?«
»Quassel mir nicht in mein Genick!
Der nächste Strahl ist der Beste.«
»Was überbleibt, sind Reste.«

<It's so easy, tu einfach nix!>
<In touch with tomorrow ohne Tricks.>
<Bitter macht lustig, ich bin so frei,>
<Keiner macht mehr an, sei auch dabei.>

»Willst du nicht auch auf der Woge reiten,
wo Regung und Aufwand entgleiten?«
»Hör auf, gib acht, wach auf!
Sonst geht die matte Birne drauf.«

<Komm herein, zieh 'ne line.>
<Drück dir das silberne feeling rein.>
<Sex & drugs & remote control,>
<Feed your body, feed your soul.>

<Dagegen ist alles andere grau.>
<Vergiß doch den lästigen Alltagsgau.>
»Sträub dich gegen den mächtigen Sog:
glitzernde Fata in güldenem Trog.«

<Es ist so leicht, hol dir dein Glück.>
»Hast du probiert, gibt's kein Zurück.«
»Ich hab's, ich will's, ich kann's, ich muß.«
Jetzt ist's vorbei, 's regiert Genuß.

Der Erlkönig

Wer reitet so spät durch Nacht und Wind?
Es ist der Vater mit seinem Kind;
Er hat den Knaben wohl in dem Arm,
Er faßt ihn sicher, er hält ihn warm.

»Mein Sohn, was birgst du so bang dein Gesicht?«
»Siehst Vater, du den Erlkönig nicht?
Den Erlenkönig mit Kron und Schweif?«
»Mein Sohn, es ist ein Nebelstreif.«

<Du liebes Kind, komm, geh mit mir!>
<Gar schöne Spiele spiel ich mit dir.>
<Manch bunte Blumen sind an dem Strand,>
<Meine Mutter hat manch gülden Gewand.>

»Mein Vater, mein Vater, und hörest du nicht,
Was Erlenkönig mir leise verspricht?«
»Sei ruhig, bleibe ruhig, mein Kind;
In dürren Blättern säuselt der Wind.«

<Willst, feiner Knabe, du mit mir gehn?>
<Meine Töchter sollen dich warten schön;>
<Meine Töchter führen den nächtlichen Reihn>
<Und wiegen und tanzen und singen dich ein.>

»Mein Vater, mein Vater, und siehst du nicht dort
Erlkönigs Töchter am düstern Ort?«
»Mein Sohn, mein Sohn, ich seh es genau:
Es scheinen die alten Weiden so grau.«

<Ich liebe dich, mich reizt deine schöne Gestalt>
<Und bist du nicht willig, so brauch ich Gewalt.>
»Mein Vater, mein Vater, jetzt faßt er mich an!
Erlkönig hat mir ein Leids getan!«

Dem Vater grauset's, er reitet geschwind,
Er hält in den Armen das ächzende Kind,
Erreicht den Hof mit Mühe und Not;
In seinen Armen das Kind war tot.

(Johann Wolfgang von Goethe)

Form
vollendet
form follows function
function follows what?
form is function
Kleinvieh macht auch Mist
Funktion folgt Faulheit
Faulheit ist geformt
form gives Halt
form is Inhalt
Halt funktioniert
Funktion ist Norm
genormte form
Formalie in Formalin
form is form
form is schön
Schönheit ist kein Kleinvieh
Mist ist schön
Miss Word is wohlgeformt
bodenlose Furche
hodenlose Furcht
süß-saule Flucht
form is anschmiegsam
form is irre
Irre sind auch Menschen
Menschen haben Umrisse

S p e i k a r t e

Aperitives

Fruchtwasser	....	9 Apgar
Double Binder	....	2 Fel
Womut	....	ausverkauft
Maltraitini	....	1 Bleuen

Vorspeisen

Schreiersalat	....	1 Kleckerbetrag
Buchstabensuppe	....	3 Talente
Krabbelcocktail	....	4 Füßler
Anpassungsbrei	....	umsonst

Hauptspeisen

Brot für die Welt
  mit Seltenwasser — 1 Hand im Mund
weder Fisch noch Fleisch
  mit keinem Pfifferling und ohne Bock — 19,80 Euro
Rumpfbesteck
  mit Mummes Pites, Magerkarg und Baguettelle — 1 Mindestlohn
Schweißbein
  mit Kraftmühe und Knochenarbeit — 5 l Blut & 98 Tränen
Lämmernicken
  ohne Herz, mit geduckten Mäusen und Hasenfüßen — 1 Fersengeld
Gemütseintopf
  mit allerlei Einerlei und Restrisiko — 0815 & 1 Falt
Hawaii-Frost
  mit coolen Blößen, sex Schnecken und maniriertem Flachs — 3 g Koks
Maden in Speck
  mit blasierten Erben, Vitamin B und Sauce de Cadence — 00
Chateauvole
  mit überbackenem Schisch, Kadaviar und Absahne — 666 Euro

Desserts

Fruits de Sentiment	....	20 Reichsmark
Muß au Resignation	....	1 Sam & 8 Los
Apathie Uralt	....	3 Valium
Grabesruh	....	0 & Nichtig

alle Preise inkl. Verwaltung, Observanz und Abfertigung

Love is the message

Wenn ein Autofahrer quietscht
Bin ich noch nicht auf der Spur
Wenn die Selbsthypnose siegt
Bin ich ohne doch auch nur

Ein grotten feger finstrer Olm
Unter moder tierisch fett
Grinst dir feige fratzenhaft
In schimmel elend tiefen Tod

This
Is
The
End